Les anges n'ont pas de sexe

Graphisme : Elisabeth Ferté

Confessions

Les anges n'ont pas de sexe

Dominique Sampiero

De La Martinière

Être libre, c'est ne pas avoir peur.

Pierre Autin-Grenier

Comme les larmes montent aux yeux puis
naissent et se pressent, les mots font de même.
Nous devons seulement les empêcher de s'écraser
comme les larmes ou de les refouler au plus profond.

René Char

Et si l'amour est l'amour perdu,
comment trouver l'amour ?

Antonio Porchia

à Florian

Je suis né sauvage

Tu fus sel dans la neige
et la neige n'était que nuit.

Édouard Glissant

– Qu'est-ce que tu faisais comme métier quand t'étais petit ?
– T'es bête ou quoi, je ne faisais rien... j'étais petit !
– Eh ben moi, dans le ventre de maman, j'étais danseuse !

J'aurais pu me vexer, m'enfuir en courant, non, je suis resté cloué, sans voix, sans argument, en faisant oui de la tête comme les chiens en plastique et velours marron collés sur les plages arrière des voitures. C'était ma première stupeur, mon premier émerveillement, ma première conversation avec une fille. Elle s'appelait Louise, ça se passait dans la cour de récré du CP...

Avec ses grands yeux pleins de ciel, Louise était belle à mourir.

J'ai assez vite compris que ces apparitions étaient des êtres à part, entre l'ange et le diable, les portes qui claquent et les courants d'air, la poésie et l'enfer s'il existe... J'étais prêt à tout gober en rougissant pour un peu de fantaisie... Et le miel d'un baiser.

Aujourd'hui, j'ai quinze ans. J'aime le ciel, la campagne, les flaques douces comme des paumes où l'on sent battre le cœur des bourrasques. J'aime le chemin qui coule vers la rivière, le passage à gué, quelques cailloux familiers, les chiens qui aboient derrière les grilles, lire sous les couvertures, marcher, dormir entouré d'oreillers, et je ne sais pas moi, embrasser une fille et m'enfuir.

On dit souvent que je suis dans la lune. Je m'en fous. Là, au moins, je respire.

Je m'amuse et je rêve avec la pluie, le ciel, l'herbe et la lumière, rarement avec les ados de mon âge qui marchent ou piétinent autour de moi. Je suis né sauvage, j'ai quinze ans, tout le monde me fuit. Je ressemble à mon père, d'autres affirment, non, à ma mère. Moi, à personne. J'aime lire, parler pendant des heures à mon ombre ou à mon cartable, regarder le ciel et me perdre en chemin, il m'arrive de compter mes pas ou les étoiles, je n'ai pas d'amis, à part les arbres.

Je suis né par tendresse, au premier baiser, mon père et ma mère, deux jeunes moineaux frileux, ont fait l'amour comme des enfants, entre les anges et les coccinelles, les nuages et les fougères, en pleine forêt, bien cachés par les arbres derviches des hautes futaies.

Ma première peau est d'humus, enfin, je n'en sais rien, mais des odeurs d'écorce, de pluie sur les feuilles et de bolets remontent dans mes rêves comme si elles étaient chez elles.

Mes premiers pas titubent sur le gazon du jardin de l'église, un ancien cimetière transformé en parc public à coup de thuyas et de bégonias, sous la pioche de mon père. En plein chantier, il bouscule une dizaine de crânes qu'il s'empresse d'enfouir, sans rien dire, par peur qu'on fasse des fouilles et qu'il perde son job.

Notre première maison est minuscule. Au rez-de-chaussée : une table, deux chaises. Une cuisine de poupée et une salle à manger séparées par une marche en pierre bleue où je m'allonge parfois pour rêver et sentir la fraîcheur m'apaiser. À l'étage, deux chambres mansardées. Une armoire pour les vêtements, un lit adulte, un lit enfant, une lampe de chevet. Un immense cèdre juste en face de la fenêtre.

Mes parents jouent à cache-cache les soirs d'été avec une bande de jeunes. Je les entends rire et courir depuis mon lit. De temps en temps, ils écoutent derrière la porte.

Quand je pleure, ils rentrent me couvrir de baisers. Leurs joues sentent la résine et leurs lèvres, la fraîcheur des fous rires. Mes parents sont des enfants avant moi et je les aime comme ça.

Plus tard, à Orsinval, aux talons de pépé Pierre, les cheveux coiffés à la brosse, avec ma salopette, mon petit seau et ma pelle de plage, impatient de repiquer les poireaux ou, je ne sais pas moi, de démarier le persil, les carottes ou la blonde paresseuse[1], je regarde avec crainte cet homme bourru se pencher sur la terre pour faire des miracles. Le petit Jésus est né dans la paille. Les fraises aussi.

1. Variété de salade (rien à voir avec les blagues sur les blondes...).

Je n'ai jamais vu pépé embrasser grand-mère ou la prendre dans ses bras, mais la fine lumière potelée et rutilante de son potager, si. De l'or entre les doigts quand il trace un sillon à la rasette, avec un tremblement dans les phalanges pour les semis, des caresses inouïes pour le pincement des tomates et des soupirs qui remuent dans le feuillage des noisetiers pour la butée des patates.

Parfois, la sueur perle sur la frisée ou la feuille de chêne. Les yeux dilatés, le corps incliné dans une prière sans mot, pépé plane comme un nuage au-dessus de son riquiqui de terrain, en tout cas, il pense, il pense très fort, et même il chuchote, quoi ? je ne sais pas.

Puis il s'agenouille sur une planchette, perce un trou avec le plantoir et me laisse glisser le jeune poireau dans l'orifice qu'il rebouche tendrement avec ses doigts. On finit la rangée sans un mot et voilà, on se regarde fièrement.

Au caté, le curé me raconte l'histoire d'un Éden[2] où l'on vit tout nu et où il n'y a qu'à se baisser. Mon grand-père est communiste, il se décarcasse en toile bleue mais le paradis à côté de son potager, ça ne ressemble à rien, c'est de la gnognote. Il en a tiré un à un les cailloux, les ordures et les trous noirs. Il s'est battu avec le vent, les météores et les bourrasques. Il a même déclaré la guerre au mildiou[3], aux doryphores[4], à la sécheresse et aux produits chimiques... Et à toutes sortes de maladies étranges. Et aussi aux pucerons, aux chardons, aux orties, aux limaces. Même les moineaux s'en méfient.

2. Le lieu où la Bible situe le paradis terrestre.

3. Maladie des plantes provoquée par des champignons microscopiques.

4. Insecte coléoptère se nourrissant des feuilles de la pomme de terre.

La terre a mangé pour toujours la chaleur de ses paumes en tuant mon don Quichotte de grand-père au travail. Mais dans mon cœur, son jardin a mûri comme un fruit. Avec des rêves qui volent plus haut que le ciel.

Et puis, il y a le jardin du père, une longue bande étroite de la largeur exacte de notre Maison familiale remboursée en deux cent quarante mensualités, s'étirant sur une centaine de mètres jusqu'au poulailler, coincé entre les jardins des voisins à peu près pareils et tournant le dos aux pâtures et aux vaches. C'est la corvée des cinq cents kilos de pommes de terre, les charlottes, les bintjes ou les désirées, tu désherberas les carottes avant d'aller jouer, t'as pensé à couper de l'herbe aux lapins ? La preuve qu'on n'est pas riches mais finalement on manque de rien. Il peut éclater une guerre, pas de problème. Avec les trois coqs, les quarante-cinq poules, les vingt-deux lapins, les stérilisations, les bocaux de confiture, de cornichons, d'oignons, les deux congélateurs et le saloir, on a de quoi tenir un siège.

Il y a aussi les jardins du coron[5] où on fume des P4[6] en buvant de la Kro[7] et en embrassant les filles derrière le pigeonnier. Les jardins sauvages, un peu délaissés par les veuves et les vieillards, où l'on va à la maraude à prunes ou à cerises pour finalement se faire poursuivre à coup de bottes dans le cul. On baisse le pantalon derrière une haie à cause des pommes trop vertes et, avec la colique, tout s'envole, les peurs, les soucis, les fesses dans l'herbe à la fraîche.

Et surtout les jardins de solitude pour faire des vœux et rêver.

5. Groupe d'habitations en pays minier.

6. Cigarettes bon marché vendues en paquet de quatre.

7. Marque de bière en abrégé.

Presque cousins

Je suis un garçon normal
et raisonnable, monsieur.
Je ne me suis jamais
fait remarquer.
M'auriez-vous remarqué
si je ne m'étais pas assis
à côté de vous ?

Bernard-Marie Koltès

Assis sur mon cahier d'histoire pour ne pas me salir dans l'herbe, blotti dans une lumière de printemps qui tourne la tête aux girouettes et aux moineaux, je parle à mon cartable en cuir noir, bien ciré, qui brille comme un sou neuf, il brille tellement avec le cirage qu'il me semble voir le ciel et les nuages se refléter dedans...

– J'en ai marre de l'école, pas toi ? et si on allait à la pêche aux épinoches, il y en a plein en bas de l'escalier des douves, ils mordent même à la crotte de nez... Tiens, tu veux un bout de ma tartine ?

Je glisse la moitié de mon goûter entre mon cahier de maths et mon cahier de français dans le ventre bien bombé de mon confident qui ne bronche pas...

– Tu sais, j'aime bien parler avec toi, mais te vexe pas, je me sens un peu seul... Toi qui sais tout, toi qui as lu tous les livres, tu sais comment on trouve un ami, un vrai ?

Mon sorcier de cartable noir ne se vexe pas, au contraire, six mois plus tard il exauce mon vœu.

Riri, je ne le rencontre pas dans un jardin, mais au CM2, juste après notre déménagement, dans la petite école en brique de la rue Chevray, avec, derrière les fenêtres sans rideaux, d'immenses sapins derviches, bleus ou mauves, selon le ciel, dressés comme des guetteurs en haut des voûtes fortifiées.

Papa et maman ont acheté une Maison familiale, 24, rue du 8-Mai-1945, extra-muros, à vingt minutes à vélo de notre vieille ville aux allures de grande dame ceinturée d'eau et de douves, à trente minutes de l'école en pédalant vite sur le petit plateau, cartable ceinturé sur le porte-bagages.

C'est la rentrée de septembre et, pendant l'appel cérémonieux des élèves, je rêve de notre ancienne maison, rue Théau, j'ai mal au cœur, des larmes dans les yeux, un brin de nostalgie pour cette bicoque un peu de traviole où je suis né, avec la petite chambre mansardée adossée par une lucarne au jardin de l'église et à ses ombres dorées.

– Lefebvre Dominique.
– Présent.
– Lefebvre Jean-claude.
– Présent.
Le deuxième Lefebvre, c'est moi, yeux bleus et cheveux blonds à l'époque, et je découvre l'alter ego, avec ses cheveux et ses yeux noirs, au pupitre d'à côté.

– T'habites où ?
– 24, rue du 8-Mai, à gauche avant le passage à niveau.
– Non, tu rigoles, j'habite au 19, c'est à cent mètres en face !

La coïncidence nous fait pouffer de rire et des deux étrangers que nous étions à l'instant d'entrer dans cette classe, nous devenons presque cousins, l'espace d'une seconde, au moins par le nom.

Je me penche discrètement sous mon pupitre et je chuchote merci à mon cartable…

Mon voisin a une dent cassée sur le devant, un épi noir rebelle sur le front à la Tintin, une petite cicatrice sur la lèvre et beaucoup de timidité noyée dans ses pupilles. Je ne sais pas encore qu'on le surnomme Riri.

Avec ce prince timide, tout grand, tout maigre, il me dépasse au moins d'une tête, je vais apprendre que l'amitié est une histoire d'amour qui a peur de l'amour.

C'est dans un jardin en ruine que je retrouve Riri, chaque soir, même l'hiver, après le collège, à dix-huit heures tapantes. Cinq minutes avant le rendez-vous, il annonce à sa mère qu'il vient corriger une rédaction chez moi, et de mon côté, pile à la même heure, nos montres sont réglées à la seconde près, j'affirme la même chose à mon père, mais pour un devoir de maths.

Nous marchons à la rencontre l'un de l'autre comme deux voleurs puis nous déguerpissons à gauche dans une ruelle herbeuse, un coupe-gorge bordé de plaques de ciment, un sentier qui donne sur le plus grand et le plus sauvage des jardins de la ville : les remparts.

De l'eau, des murailles en brique. Des contreforts et des bastions en pierre bleue. Des douves. Des troncs abattus, enchevêtrés. Sous les ronces, l'entrée d'un vieux blockhaus avec sa tranchée. Quand il caille, on y allume un petit feu avec des bouts de cageots, des pommes de pin et quelques branches mortes ramassées alentour. C'est notre salon d'été ou d'hiver, notre cabane de trappeur, notre igloo, notre hutte, notre grotte ou notre caverne secrète.

On tousse, on crache, on se tape dans le dos. On boit de la bière piquée en douce dans les réserves familiales. On se prend pour des hommes. On marche de long en large, se réchauffe. On révise quand même les exos de maths et je corrige la disserte de Riri.

Le reste du temps, on fume du sureau[8]. On s'invente des histoires à partir du craquement d'une branche ou du cri d'un oiseau. On se raconte des trucs qu'on n'ose dire à personne et puis on rentre chez soi en se serrant très fort la main : à demain matin huit heures pour partir à l'école. Dors bien, sinon, rendez-vous à la fenêtre avec la lampe !

8. Arbuste à fleurs et à moelle blanches dont on fumait les tiges les plus fines.

Riri habite avec ses trois sœurs, Véronique, Frédérique, Annick, une maison semblable à la mienne. La famille a hébergé les grands-parents maternels pour leurs vieux jours. Deux pièces supplémentaires ont été construites sur le côté non mitoyen.

Son pépé, gendarme en retraite, est petit, maigre et ne rit pas souvent. J'ai toujours l'impression qu'il va me faire des reproches et sortir son sifflet. Il aime le foot. Il a été avant-centre dans une équipe militaire. Il est toujours terrible au dribble et au tir des penaltys.

La mémé est toute blanche, toute ronde en épaules, en poitrine et sur les hanches, c'est un berceau à elle toute seule. J'ai toujours envie de me jeter dans ses bras mais je n'ose pas. Quand elle me sourit, je me sens plus léger.

Le soir, après le travail, Alexis le père s'installe dans la véranda qui donne sur le jardin coiffé de son cabanon avec Riri et Raymond, le grand-père. Les hommes boivent de la bière de table Van Duyck, avec le petit bouchon en fer qui se décapsule et le joint orange, pour parler des résultats de foot et des matchs à venir. Je n'y connais rien mais je fais semblant de m'intéresser. Il n'y a pas de chaise pour moi, je reste debout. Je bois de la bière, je pisse beaucoup.

Ensuite, les hommes enflamment trois bûches avec *L'Équipe* roulé en boule dans la cheminée. Ils se calent dans les fauteuils devant la télé et le match commence. Ils connaissent les noms des joueurs par cœur, protestent, crient, insultent l'arbitre.

Je n'aime pas le foot mais cette ambiance et cette complicité, oui. Quand notre équipe marque, c'est l'explosion. Je hurle avec les autres et de toutes mes forces : « Buuuuuuuut ! » pour faire plaisir à Riri.

Quand je rentre chez moi, j'ai la voix cassée et ça me tourne un peu, à cause de la bière. Je mâche un bâton de réglisse pour masquer mon haleine. Maman n'y voit que du feu. Elle trouve que j'ai bonne mine.

La nuit, je rêve que je dribble les nuages, les oiseaux et le vent, je marque un but et Riri éclate de rire quand je me prends les pieds dans le tapis.

C’est comme ça qu’on devient un homme

Ceux qui regardent souffrir
le lion dans sa cage pourrissent
dans la mémoire du lion.

René Char

Un poulailler, des lapins, trois garçons. Mes parents ne se sont pas pris la tête pour les prénoms : Jean-Pierre, Jean-Luc, Jean-Claude. On s'appelle tous les trois Jean quelque chose. Maman voulait des filles, résultat, trois garçons, elle dit qu'elle est bien punie.

Bref, j'ai deux frères, avec le sentiment que ce ne sont pas vraiment mes frères mais deux étrangers qui habitent sous le même toit et qui s'ennuient avec moi dans la même chambre. C'est cruel, mais je le pense.

Je ne les ai pas choisis et tout nous sépare. Ils aiment se battre, courir vite, crier. Et prouver qu'ils sont les plus forts. On n'a rien à se dire, ou si peu, rien en commun, à part la chambre et les vêtements qui passent de l'un à l'autre, en partant de moi, je suis l'aîné. Les chaussures et les cartables aussi. Forcément, ils ne portent jamais rien de neuf et moi, je ne garde rien pour moi.

Pour aggraver mon cas, j'ai de très bonnes notes à l'école. En classe, mes dissertes sont lues à voix haute par le prof. Papa exhibe fièrement mes bulletins scolaires. Je comprends qu'ils entretiennent une certaine froideur à mon égard et, de temps en temps, mes frères me le font bien sentir. Je me mets à leur place. Je ne leur en veux pas.

Dans la chambre s'entasse notre univers sur une surface de douze mètres carrés. Des rideaux en Nylon. Une fenêtre, un bureau dans le renfoncement, deux lits superposés, des lits jumeaux.

Quarante centimètres entre les sommiers. Quarante centimètres entre les sommiers et le bureau. Quarante centimètres entre le bureau et la porte. La fenêtre est au-dessus du bureau et donne sur la rue. En face, exactement les mêmes maisons que la mienne, c'est une cité Maison familiale.

Je dors dans le radeau en dessous de Jean-Luc, Jean-Pierre est sur un tapis volant. Le lit à ma droite est libre, avec des draps propres pour un éventuel visiteur qui ne vient jamais. C'est pas grave, j'aime bien cet espace vide. On est tellement à l'étroit que j'imagine parfois que je vis seul dans cette pièce. Ça me fait des vacances.

Papa a bricolé une étagère entre des tubes en fer forgé noir juste au-dessus de ma tête. Il aime lire, moi aussi. J'y range mes livres préférés et tous ceux qu'il m'a offerts avec une dédicace à Noël, à mon anniversaire ou en récompense d'un 18 sur 20 en français. Je fais souvent le même cauchemar. L'étagère s'écroule et je meurs étouffé sous une montagne de pages.

Quand mes deux frères s'endorment enfin, après avoir écouté mon histoire, en général une improvisation sur un film à la télé ou un roman que j'adore, je surveille leur respiration. Quand elle devient douce et régulière, je plonge sans tuba sous les couvertures.

Une lampe de poche, quelques friandises, du pain d'épice, une pomme, un rouleau de Zan avec une bille rouge au milieu ou un bâton de réglisse avec son écorce, et surtout un bon livre. Je rêve pendant des heures dans ma grotte blanche en grignotant et en transpirant.

Je me transforme en cheval avec *Flamme et les pur-sang*, en fox-terrier sur les traces de *Mickaël chien de cirque,* collection Rouge et Or, je piaffe, j'aboie, je galope, je voyage et, dans la nuit, je prends la force et les pouvoirs de mon animal fétiche.

Vers deux heures du matin, malgré l'épuisement et les cernes, je parle en morse avec ma lampe de poche à travers le rideau de la fenêtre. Riri dort aussi peu que moi et il est pile au rendez-vous.

Dieu a dû se tromper de famille pour nous deux, c'est mon frère jumeau, c'est sûr. Un oiseau de nuit, de blockhaus et de jardin sauvage. Sauf qu'il déteste lire. Ou alors des livres scientifiques. Finalement, on se complète, on est raccord. Moi, je l'entraîne dans des aventures et lui nous confectionne des armes et des machines infernales.

Maman a peur de l'orage, quand j'y pense, j'ai honte, je n'ose en parler à personne.

« Elle est prise des nerfs ta maman, faut être gentil avec elle ! » me chuchote de sa grosse voix M. Merlin, l'homéopathe de famille, avec un clin d'œil complice.

Maman a plusieurs médecins. Parfois elle se rabat sur le Dr Nonclercq qui lui prescrit des somnifères, ou sur le Dr Beaurepaire qui lui plante des aiguilles, ou sur un autre encore, elle en a plusieurs, je m'y perds.

Pourtant, elle a un beau visage, et même pas de cernes. On ne se doute pas de tout ce qu'elle endure. Quand le tonnerre gronde ou qu'un éclair déchire le Nylon de la fenêtre, la nuit surtout, elle sursaute, tremble, et court se réfugier sous les couvertures au fond de son lit. Je débranche la télé, l'antenne et toutes les prises sauf celle du frigidaire. Je la rejoins et je la prends dans mes bras en lui affirmant doucement que papa va bientôt rentrer.

Maman me raconte. En 1940, elle a sept ans. On la réveille, on la tire de sa couette, ses parents l'emmènent dans un souterrain au cœur des remparts. Des familles entières s'y entassent déjà, en pyjama, un manteau ou une couverture posés en hâte sur leurs épaules. Les sirènes retentissent à la diable, on dirait un bateau qui coule. Et parfois, rien, une demi-heure plus tard, fin de l'alerte. Tout le monde rentre se coucher pour essayer de retrouver le sommeil.

D'autres fois, ça barde, les Boches canardent Valenciennes ou Cambrai à vingt minutes d'ici en voiture, une heure à vélo. En survolant le village, un traînard lâche une dernière bombe pour se délester et juste pour voir. C'est comme ça, qu'une nuit, un vrai feu d'artifice, ils ont dégommé le superbe beffroi au clocher espagnol, on se demande encore pourquoi.

Voilà pourquoi je dors avec maman, c'est elle qui me le demande et j'accepte. Elle dit qu'elle est plus paisible comme ça. Mieux qu'avec un médicament.

Papa est roulant à la SNCF, il conduit des seize-mille-cinq-cents électriques qui tirent des convois de quatre mille tonnes entre Aulnoye et Bobigny. Il faut mille huit cents mètres au train pour freiner.

Grâce à son travail, il s'évade en déplacement deux ou trois jours, joue à la belote, partage sa popote avec ses compagnons, le soir, dans les dépôts, et rentre souvent à la fin de sa mission au cœur de la nuit.

Sans me réveiller, ou juste un peu, il me soulève entre ses bras de judoka ceinture noire et me dépose dans mon lit glacé. J'ai une pensée pour maman réveillée dans son sommeil par les bombardements, tout se mêle dans ma tête.

Puis je m'endors sur ma banquise comme un pingouin qui a perdu sa mère et ses larmes. J'habite un igloo et un ours blanc essaie d'entrer pour me dévorer. Je me réveille en nage. Finalement, ça réchauffe, les mauvais rêves.

Riri est au courant, je lui ai tout raconté, il ne se moque pas de moi, au contraire, il m'écoute avec sérieux, il ne dit rien et baisse les yeux avec un regard très doux qui me fait du bien.

Papa est de six-deux, de deux à dix et parfois il fait les nuits. Ces chiffres donnent les heures auxquelles il commence et finit ses tournées à la SNCF.

Quand il fait les nuits, il dort dans la journée, alors on chuchote, on marche sur la pointe des pieds pour ne pas le réveiller. On retient les portes et on ne tire plus la chasse d'eau. On vit au ralenti, en apesanteur. Comme dans une fusée ou un aquarium.

Quand il est fatigué, papa est de mauvaise humeur. Maman lui raconte toutes nos frasques, les miennes surtout. Je suis l'aîné, et ça tombe comme des gravelotes[9].

9. En picard, expression qui signifie que ça tombe dru.

Aujourd'hui, justement, je suis rentré dix minutes en retard de l'école et maman ne supporte pas. Elle me voyait mort sur le chemin ou kidnappé. Je lui ai dit qu'elle était folle et elle m'a jeté une tasse à la figure.

Là, je suis roulé en boule pour échapper à la raclée, rien à faire. Je ne sens pas grand-chose, à part les grandes mains larges de papa qui résonnent comme des battoirs sur mes bras, ça chauffe partout. Pour résister, je m'évade de mon corps et je flotte quelque part dans la pièce, où, je ne sais pas, après il me faudra rassembler les morceaux, un peu groggy.

Je suis triste parce que j'aime mon père, j'admire sa droiture, son intelligence et je ne vois pas pourquoi il se met dans un état pareil. Je pense que c'est à cause de la fatigue. Et puis, une raclée de temps en temps, on n'en meurt pas.

Le soir, dans le blockhaus avec Riri, on s'entraîne au bras de fer. On se bourre de coups de poing dans le ventre pour durcir les abdos. Lui, c'est pas des raclées, plutôt les coups de ceinture du grand-père gendarme qu'il encaisse.

On se brûle aussi un peu la main avec des cigarettes ou on se fait saigner avec des canifs ou des herbes coupantes. On fait comme pendant la guerre, on s'entraîne à la torture. Bien sûr, là, c'est pour rire, mais est-ce qu'on tiendrait le coup en face des nazis ?

Le soir, je me couche avec un doute sur mon endurance. Puis je m'endors en embrassant mes parents et en leur souhaitant bonne nuit, en pensée.

Mais je ne trouve pas le sommeil. La colère et la rancune me nouent le ventre et je tremble. Je récite quelques prières pour m'apaiser, penser à autre chose, rien à faire.

Je cède à la tentation et à l'esprit de vengeance : j'imagine mon père broyé dans un accident de locomotive et ma mère se jetant par la fenêtre à cause du chagrin.

Le Dr Merlin m'adopte et je suis le fils unique d'une famille aisée. J'apprends le piano, je suis des cours de théâtre. Je verse une larme pour mes parents défunts et je leur apporte des fleurs à la Toussaint.

Enfin je glisse dans mon rêve avec les anges et une belle lumière qui me réchauffe le cœur.

Le lendemain, je me lève, vengé et innocent. Journée d'école comme les autres. Le soir, j'arrive encore en retard mais maman me pardonne. Je ne sais pas ce qui a agi : le miracle de ma prière ou, par télépathie, les menaces du scénario criminel ?

J'ai l'impression que ma mère lit en moi par-dessus mon épaule et comme dans un livre ouvert. Heureusement il lui manque des pages.

Je m'entraîne à l'influencer en pensée et à distance. Je lui souhaite de guérir et de ne plus avoir peur de rien. Ça ne marche pas mais ça me remonte le moral.

Un jour, en enfouissant ma tête sous les draps, du côté de maman, pour me réchauffer – on coupe le chauffage, la nuit, pour faire des économies et c'est plus sain de dormir dans une chambre fraîche –, sous les draps, donc, du côté du dos de ma mère, j'ai vu ses fesses.

Ça ressemblait à un fruit rond, très rose, avec une petite fossette au bas des reins, comme une poire géante en pâte d'amande. Je ne sais pas pourquoi j'ai eu très peur.

Riri, ça le fait rire mon histoire et sa voix résonne comme un grelot dans le blockhaus. Moi, finalement, son hilarité me gagne et ça me fait du bien. Il dit qu'un jour ou l'autre, on voit sa mère toute nue, par hasard ou par le trou de la serrure. Lui a déjà vu ses sœurs et sa grand-mère aussi. Il dit que c'est pas grave. Que c'est comme ça qu'on devient un homme.

Maman me l'a dit, elle me l'a confié un soir, juste avant de s'endormir, dans une lumière grise, hésitante, un peu avant la nuit, maman a peur que papa parte avec une autre femme, plus jeune, plus jolie, j'entends des larmes gronder dans sa voix, mais non, elle se retient, je l'écoute, lèvres et poings serrés, j'ai mal pour elle.

Deux jours plus tard, à table, je lance la conversation sur le sujet.

– Dis, papa, si un jour, t'aimais une autre femme, tu partirais ?

Intimidés par mon audace, mes frères plongent dans leur assiette. Maman suspend son geste. Papa plante son regard dans le mien, surpris.

– En voilà une drôle de question !

Puis il sourit, royal. C'est comme un lever de soleil sur la nappe et sur son visage. Il prend la main de maman, tendrement, et nous explique. Depuis toujours, il n'y a qu'elle dans son cœur, dans ses pensées. C'est comme un immense champ de roses. Il en cueille une pour elle chaque jour. Il parle avec un visage d'enfant et il accompagne ses mots d'un baiser léger.

Maman retire sa main, on dirait qu'elle est fâchée, oui, c'est ça, on dirait qu'elle refuse ce beau cadeau. Elle ajoute, lèvres pincées : de toute façon, si ça arrive, je ne veux pas le savoir !

Papa ne répond plus, il est pâle, blessé, il détourne la tête, on dirait qu'il a tout perdu. Je sens la tristesse soupirer comme un chien dans son cœur. C'est comme si maman lui avait jeté toutes ses roses à la tête. Il me sourit, gêné, et finit son assiette avec un compliment pour le repas. Je foudroie maman du regard, inutile, elle est ailleurs.

Je plonge dans mon gratin dauphinois avec un trou au milieu pour la sauce. On dirait que maman a besoin de souffrir. Quand elle me serre dans ses bras, j'ai des sueurs froides. J'ai peur de lui ressembler.

À vélo, sur le chemin de l'école, je parle de la jalousie de ma mère à Riri, en pédalant à fond. Il me crie que c'est souvent comme ça les femmes ! Je hurle : Et les hommes alors ? Il n'entend pas et accélère en danseuse dans la montée. Je reste avec mon angoisse dans les mollets.

Riri m'a semé. Je m'arrête sur le bas-côté et je vomis tout mon gratin au pied d'un arbre. Je m'essuie la bouche avec des feuilles arrachées au tilleul. Le tilleul me répond par un balancement très doux comme un frisson dans son écorce qui me fait du bien et que j'emporte dans mon regard.

Papillon et cobra

Les fleurs qui dansent, ivres,
au bras du vent, n'échangeraient
leur place pour rien au monde.

Christian Bobin

Je ne peux plus me passer de Riri, Riri ne peut plus se passer de moi, je le sais et je ne le sais pas, c'est comme une angoisse, une impression vague, quand je pense qu'il pourrait lui arriver quelque chose, je suis effrayé, je cours sonner chez lui pour me rassurer et quand sa mère ouvre :

– Il est là, Riri ?

– Oui.

Ces quelques mots m'apaisent.

Parfois sa mère me laisse entrer et je suis soulagé. Quand elle me chasse à cause des devoirs ou tout simplement du repas, pas grave. Il est là, tout proche, à cent mètres de chez moi.

Avec mon ami, c'est comme un jeu d'ombres sur un mur, je le protège, il me protège. Je sais que je peux compter sur lui, et lui, sur moi. Je devine ses peurs, ses envies, ses colères dans le moindre froncement de sourcil. Ou quand ses lèvres ou ses poings se serrent en pâlissant. Je ne suis plus seul.

Nous ne parlons jamais de notre amitié mais nous ne faisons qu'un, c'est comme un secret bien gardé.

Un autre de nos jardins sauvages s'appelle *le Pont*, et justement, c'est un pont, tout simplement, une épave en brique et en ciment avec ses rambardes, un grand bateau échoué au bout de la rue du 8-Mai, à droite, en empruntant le chemin de terre. Un vieux pont de chemin de fer désaffecté, une mine d'or pour les cachettes et les cabanes. Plus aucun train ne le traverse.

Des ronces, des peupliers, des saules têtards ont envahi son dos et on y accède par des pentes raides, sur les côtés. La voie ferrée est détournée une centaine de mètres plus loin à travers champs. C'est notre second QG.
– Rendez-vous au pont à six heures.
Tout est dit. Et c'est sûrement important !

Dans nos cavernes de branches et de fougères, on tire des plans, on règle des comptes, on refait le monde à l'endroit, à l'envers, à notre avantage en tout cas. La vengeance est un plat qui se mange froid. On casse la gueule en pensée aux nicdoules[10], aux boubourses[11] et aux babaches[12]. À tous ceux qui nous font du tort. Riri décime un à un les fiancés d'une certaine Marie-France dans des boucheries atroces. Moi, j'étrangle le petit con qui m'a traité de fayot devant tout le monde au cours de français en déposant une poignée de haricots blancs sur ma table ! La honte !

On se jure fidélité, à la vie, à la mort et on conclut par un serment secret en crachant

10, 11, 12. En picard, surnoms donnés aux simples d'esprit pour s'en moquer.

dans la paume de l'autre et en tapant nos poings fermés trois fois :
– Tête de bois, chemin de fer, si je mens, je vais en enfer !

Un mercredi de vacances plus ennuyeux que les autres et pour se mettre à l'épreuve, on décide d'organiser un attentat, un vrai, comme les terroristes ! Riri ramasse une vieille brique et c'est moi qui la cale sur le rail, quelques mètres plus loin. Puis, cachés derrière les buissons, on guette. L'autorail de dix-sept heures neuf s'annonce.
Attentat contre quoi, contre qui, je ne sais pas, mais tout à coup je prends peur. À la dernière minute je me précipite pour retirer l'obstacle, trop tard, la brique explose dans un grand bruit, le train siffle mais continue sa route après un léger sursaut. Je suis blessé au genou par un des éclats.

Je craque, je pleure. Je me tords de douleur en serrant ma rotule. Riri ne perd pas son sang-froid. Il rince le sang avec sa gourde et sèche avec son mouchoir. Heureusement, la blessure est superficielle. Puis il recouvre la plaie avec des feuilles, de l'herbe, et fixe le pansement sous un bout de ficelle. J'ai honte, je bredouille des excuses.

– J'ai eu peur que mon père soit dedans !

Riri réfléchit longuement. Son verdict tombe.

– T'as eu raison de risquer ta vie, c'était pas un train de Boches, mais un train de résistants, on a eu de mauvais renseignements !

Et voilà ! Jamais de trahison. Toujours le geste ou le mot qui rassure. Je donnerais ma vie pour lui. Tête de bois, chemin de fer, si je mens, je vais en enfer !

Au fait, j'ai réfléchi, je ne sais pas ce que c'est l'enfer, des ravins, des flammes, des diables cornus aux pattes de bouc retournant les âmes damnées sur des grils pour les faire brûler comme des saucisses pendant l'éternité, j'ai vu une toile comme ça dans un musée, quelle horreur, c'est long l'éternité, et ça doit sentir mauvais !

D'une voix grave tout en démariant les carottes, mon grand-père, à qui je demandais souvent conseil, décrétait que c'était des foutaises, des trucs de bonne femme, des bondieuseries l'enfer, et que si Dieu existait, il devait aimer et pardonner à tout le monde. Surtout aux ouvriers. En fronçant les sourcils, il ajoutait que Dieu était forcément communiste et qu'il trônait au paradis avec Joseph, le charpentier, à sa gauche... J'ai jamais osé vérifier auprès du curé qui ne jurait que par de Gaulle.

Dans une disserte, on nous a même soumis la phrase d'un écrivain, je ne sais plus qui, décrétant un jour, l'enfer, c'est les autres. Peut-être mais pas Riri.

Et puis, par hasard, j'ai découvert que mon meilleur ami vivait un petit enfer à lui tout seul.

Ça s'est passé un mercredi, bon pied bon œil, sur le Pont, en pissant contre un arbre, un maigre peuplier je crois, et en jurant comme deux matelots, on s'est amusés à s'asperger les godasses et on s'est vus comme ça bêtement, on a bien rigolé, on a même comparé.

J'ai découvert que le sien était petit, violet sur le bout, avec un bourrelet de chair, à cause de l'opération, l'année dernière. C'est ce que Riri m'a expliqué ensuite, les pansements, les fils et la douleur pour uriner. Tout à coup, son regard s'est déchiré, il s'est reboutonné et son visage s'est assombri.

Après un long silence.
– T'as de la chance, le tien est normal !

Pour le faire rire, j'ai pris mon sexe entre mes doigts et je l'ai tordu dans tous les sens comme un cou de poulet.

Riri ne s'est pas déridé.

J'en suis encore triste pour lui.

Depuis, j'essaie de le rassurer. Avec les filles ça ne compte pas. Quand elles osent toucher, c'est seulement à travers le pantalon.

Au fil des semaines, je le questionne, je lui tire même les vers du nez. J'apprends qu'il est vraiment amoureux de Marie-France, la petite blonde aux yeux de pic-vert. Et qu'elle ne lui jette même pas un regard. C'est une fille de gendarme de la cité Lowendal. Elle habite dans la rue qui monte vers la gare et quand on passe devant chez elle, Riri me double en appuyant sur sa sonnette.

Elle n'est pas très sérieuse, elle dit oui à tous les garçons sauf à Riri qui de toute façon ne s'est jamais déclaré.

Marie-France, c'est un vrai papillon, je ne la juge pas, moi c'est pareil avec les filles, version cobra.

Quand j'en trouve une jolie, je plonge dans ses pupilles, pour lui dire avec mes yeux bleus d'amoureux qu'elle est la plus belle, je l'hypnotise. Devant le portail du collège, dans les rangs avant d'entrer en cours, à la récré, partout, je ne la quitte plus des sourcils, je plante mes regards dans son cœur comme un poison, je bois ses rougissements et ses sourires avec délice.

Mais le poison se retourne contre moi et je pense à elle jour et nuit. Je dessine son visage au crayon dans le carnet où j'écris des poèmes. Je lui parle sous les couvertures, elle me répond. J'imagine l'odeur de ses cheveux, de sa peau, je la serre dans mes bras. Un peu comme les sorciers. Je l'envoûte en rêve sous la pleine lune. J'embrasse mon oreiller en chuchotant son prénom. Je grave nos initiales sur le plâtre des murs où elle s'appuie songeuse à la récré, jamais sur les arbres.

Riri, ça le fait rire quand je lui explique, il dit que j'en rajoute et il conclut que lui, il n'y arrivera jamais ! Jamais à quoi ? À l'embrasser, à l'aborder, à prendre la main de Marie-France ? Zut, si tu veux, je lui écris un poème et tu dis que c'est toi ! Tête de bois, chemin de fer... Il ne répond pas.

Alors je m'y prends autrement. Je veux l'aider en lui montrant l'exemple, les gestes à suivre. Je lui écris toutes les étapes sur un papier. Comme c'est un matheux, je décompose, ça fait plus sérieux, genre équation à deux inconnues. Et je l'invite pour la parade finale. Au début, je lui demande de regarder de loin.

Petit a : j'effleure la main de la demoiselle. Puis ses épaules, ses cheveux.
Petit b : je vois si elle s'abandonne ou comment elle réagit.
Petit c : j'approche doucement mon visage contre le sien.
Petit d : j'embrasse ses yeux, ses joues. Jamais sa bouche la première fois. J'attends que ce soit elle. C'est important.
Petit e : j'improvise.

Si ça se passe bien, je lui présente Riri et je lui demande si ça la dérange qu'il se balade avec nous, c'est mon meilleur ami. Si elle refuse, je la quitte. De toute façon, ça ne dure jamais. Une semaine ou deux, grand maxi. Parfois, je me déteste. Je passe pour un garçon pas sérieux. C'est injuste. Je cherche le grand amour et il ne vient pas. Tout simplement. Je suis peut-être trop exigeant.

Riri me rassure avec ses grands airs et il conclut sagement :

– C'est pas grave, c'est de ton âge !

Je ne sais pas si c'est du lard ou du cochon.

Il surenchérit.

– Et puis c'est à cause de tes yeux !

J'éclate de rire et ça va mieux.

Si la fille accepte, Riri nous suit comme un garde du corps. Il regarde discrètement et surtout, il fait le guet. C'est un peu frustrant pour lui, mais au moins, il n'est pas seul.

Le soir, je lui montre sur le dos de sa main comment on embrasse. Quand je lui demande de le faire sur la mienne, il se sauve en faisant des grimaces. Il faudra bien qu'il se décide !

Les étoiles brillent dans les cheveux des filles

Et l'amour vit de ce qu'il brûle.

Jean Malrieu

Les parents ont bien gardé le secret et, mi-juin, la nouvelle est tombée : Alexis, Véronique, Raymonde, Frédérique, Jean-Pierre, Jean-Luc… bref, toute la famille de Riri et la mienne partons ensemble en vacances à Saint-Jean-de-Monts ! Sans les grands-parents, bien sûr !

D'apéritifs en repas du dimanche, de petites sorties en longues conversations au coin du feu, le projet a pris forme à notre plus grande surprise. À force de se côtoyer, nos familles ont sympathisé.

Je me dis qu'avec le soleil, la mer et le bronzage, ce sera plus facile d'entraîner Riri vers un premier flirt. Je croise les doigts et je m'en fais un point d'honneur. Tête de bois, chemin de fer, si je mens, je vais en enfer !

La famille de Riri a décollé une semaine en avance. Nous, c'est aujourd'hui. Cinq heures du mat.

La 4L est chargée à bloc, de la veille. Galerie, remorque, valises dans le coffre. Les pneus sont au ras de la tôle. Papa, maman devant. Les trois garçons derrière, à moitié endormis. Thermos de café, sandwichs et radio à fond.

Jean-Pierre est malade à partir de Gisors et, malgré les cachets, il vomit dans des sachets de plastique qu'on balance par la fenêtre. Je suis responsable du bon déroulement de l'itinéraire et des éventuelles déviations. J'en suis fier. Maman n'est pas à l'aise pour lire une carte. Surtout en roulant.

Plus de douze heures de route. On mange dans la voiture, on se retient pour les besoins. Juste un arrêt toutes les cent quatre-vingts minutes. Papa respecte le timing avec fermeté. Quand les nationales sont engorgées, on fuit les embouteillages. Je cherche des raccourcis et je calcule les répercussions sur l'horaire. Un vrai jeu de piste sur les petites départementales !

Les derniers kilomètres sont les plus pénibles. Maman est stressée et appuie sans arrêt sur le plancher comme pour freiner. Ça énerve papa qui est vraiment prudent. Jean-Pierre et Jean-Luc se chamaillent. Le ton monte. Papa menace de débarquer maman et mes frères au bord de la route. Je sais que c'est la fatigue et qu'en arrivant, tout va rentrer dans l'ordre.

Enfin, Riri et toute sa famille nous accueillent avec le sourire et du fromage de chèvre arrosé de grelot, une piquette de vin rouge local à boire frais. Puis ils nous aident à décharger et à monter la tente.

Fou rire quand on découvre les sachets de Jean-Pierre accrochés au pare-choc de la remorque.

À la nuit tombante et sous la torche, je prends en charge l'assemblage des tubes pour l'ossature de notre Bora Bora face à la tente des parents de Riri. Plus l'abri de plage pour le coin cuisine. Alexis et mon père ont abusé du grelot et n'arrêtent pas de rire.

J'en profite pour installer ma canadienne[13] deux places un peu à l'écart. C'est stratégique. Les filles dorment à trois dans leur petite tente, mes frères, dans la grande, avec les parents, et moi, avec Riri, comme convenu. Vive la liberté !

13. Petite tente de camping à deux mâts.

Les vacances commencent très mal, nos familles se déplacent en meute du camping à la plage, de la plage au camping, impossible de faire un pas de travers, et surtout de repérer des filles, les parents ne nous lâchent pas les baskets. Jeux de boules, volley sur sable, concours de châteaux forts sont les figures débiles imposées par nos pères. Les mères ouvrent et referment les glacières en chœur. Véronique, Frédérique, Annick se tartinent de crème solaire. Jean-Luc et Jean-Pierre les arrosent dans les vagues en riant bêtement. Question bronzage pour Riri, c'est le bide : il ne quitte pas sa casquette, sa serviette et son survêt.

Un soir, j'échafaude un plan.

Vers minuit, le ronflement des hommes nous donne le signal. Quand plus personne ne proteste, c'est que la meute dort à poings fermés.

Riri et moi enfilons nos jeans sur nos pyjamas. Idem pour la chemise. Une giclée de déodorant sur le buste et j'ouvre la fermeture Éclair de notre tente, cran par cran, sans bruit. Nous rampons jusqu'au grillage qui entoure le camping, là où un point faible de la clôture nous permet de la soulever et de nous enfuir en courant sur la route bordée de pins.

À un kilomètre, juste avant le parking de la plage, j'ai repéré un bar tout en planches style baraque de western : *Le Vieux Ranch*. Il reste ouvert très tard la nuit, jusqu'à trois heures.

J'écrase Riri au flipper et il me liquide au baby-foot. Le perdant paie sa tournée de Desperados, une bière de cow-boy. Pour nous départager, je lui propose la belle au billard.

Mes espoirs sont comblés quand deux jeunes filles d'à peu près notre âge nous proposent de faire équipe. Le grand frère qui les accompagne est trop occupé par la bouche d'une Italienne bronzée de nature.

La brune s'appelle Myriam, la blonde Catherine. Je préfère Myriam avec ses grands yeux noirs et ses sourires timides. Quand je la caresse avec les yeux, elle rougit.

Après deux parties de billard et vers une heure du matin, nous nous jetons tous les quatre dans la nuit noire. Le grand frère est rentré de son côté avec l'Italienne. Quelques étoiles scintillent doucement dans les cheveux des filles.

J'effleure le poignet de Myriam, elle me répond en me serrant très fort le bras. Riri marche en avant tête baissée. Catherine essaie de lui emboîter le pas.

Devant la clôture, j'embrasse Myriam et son petit museau de chat. Riri s'est déjà enfui sous le grillage sans dire au revoir. Il n'a même pas serré la main de Catherine. Les filles s'éloignent vers leur terrain de camping, de l'autre côté de la route, en chuchotant et en riant. Myriam se retourne et me montre du doigt une étoile filante.

Une fois sous la tente, j'explique à Riri qu'il aurait pu tenter sa chance, Catherine n'avait d'yeux que pour lui. Il ne bronche pas. Il fait semblant de dormir. Quand je lui précise, c'est pas grave, bonne nuit quand même, on y retourne demain, il me répond, sans moi, d'une voix froide, pleine de reproches.

Je me demande s'il pense à Marie-France. Si c'est ça qui le paralyse. Si je l'ai blessé avec mes conseils. Mais je n'ose rien dire. Quand je pose ma main sur son épaule pour lui dire encore une fois bonne nuit, il la retire d'un geste sec. Je ne trouve pas le sommeil et je rumine jusqu'au matin.

Je l'avoue, c'est égoïste, mais le lendemain je m'évade en solo, un peu par défi, en me disant que Riri va sûrement nous rejoindre.

Vers une heure du mat', Catherine marche devant et je kidnappe Myriam entre les dunes. Elle s'allonge sur moi tendrement.

Je soulève son tee-shirt en tremblant et sous son maillot de bain à coquelicots, j'embrasse ses petits seins blancs comme le sable. Je me frotte entre ses jambes si chaudes dans la nuit. Les grands pins se balancent mollement. L'odeur de la résine sur les écorces me donne le vertige.

La main de Myriam est douce sur mon ventre et quand je coule, un peu honteux, entre ses doigts elle m'embrasse en rigolant.

C'est la première fois qu'elle fait ça, moi aussi.

Je t'aime, moi aussi, je t'aime. À demain ?

Quand je rentre, Riri n'est plus dans la tente. Il a rejoint ses parents pour dormir sous l'auvent.

Je m'en veux de l'avoir planté là.

Je m'en veux d'être un salaud, un dragueur, un frimeur. Et comme mes frères et mes parents me disent souvent, tu ne penses qu'à toi, sale égoïste !

Je me retourne sur le matelas qui soupire... J'ai envie de crier... Je hurle en étouffant ma tête dans le duvet.
Les vacances se terminent dans la grisaille.

Le temps se gâte et Riri me boude, m'évite, me fait la tête. Je n'ose plus rejoindre Myriam. Mon coup de foudre me reste en travers du cœur et l'abandon de Riri en travers de la gorge. Quand Alexis et Raymonde plient bagage avec toute leur famille, une semaine avant nous, je suis presque soulagé. Mais je ne retrouve plus trace de mon amoureuse qui a dû rentrer elle aussi.

Les anges n'ont pas de sexe

Comme quand le vent du matin
a eu raison
de la dernière bougie.

Philippe Jaccottet

À la rentrée, drôle de coïncidence, j'entre en seconde littéraire, Riri en scientifique, on fait la route ensemble mais c'est tout. Il me fuit aux interclasses, aux récréations et je le trouve de plus en plus distant. J'ai le cafard.

J'aimerais qu'on s'explique mais je ne trouve pas les mots. Je m'en veux, je lui en veux. J'ai le cul entre deux chaises. Il rate Marie-France par timidité et il me gâche mon premier amour.

Je n'arrête pas de penser à Myriam. Ses baisers me manquent. Nos caresses dans les dunes me donnent encore des frissons. Difficile de me concentrer, la tête ailleurs. Mes résultats scolaires en souffrent. Sauf en français où je m'enflamme pour le *Cantique des cantiques*. Et les illuminations d'Arthur Rimbaud.

Le visage de mon amoureuse flotte derrière mes paupières. Je rêve de son étoile filante pendant les cours. Impossible de retrouver sa trace. Dans mon journal, je lui écris des poèmes et j'invente une vie à deux.

J'envoie aussi des billets à Riri que je glisse dans son cartable. Je lui donne rendez-vous dans les remparts, au Pont. Et dans toutes nos anciennes cachettes. Silence radio.

J'y vais seul et j'embrasse Myriam en pensée dans les fougères. Je lui raconte toutes mes frasques, tous mes soucis. Je me ronge, je me sens coupable mais de quoi au juste ?

J'aimerais m'expliquer une bonne fois entre quatre yeux avec Riri, mais devant le mur de sa bouderie, je perds contenance.

Et puis à force de retourner le problème dans tous les sens, je tente le tout pour le tout.

Un matin d'octobre, juste avant d'entrer en études surveillées, je tends à Riri un billet plié dans une enveloppe.

– De la part de Marie-France.

Il hésite, agacé, puis méfiant, ouvre la lettre en tremblant. Son visage s'illumine et il me tend le billet pour que je le lise à mon tour.

« Je n'ai jamais osé te le dire mais je te trouve mignon, ton ami m'a dit que tu étais timide, c'est pas grave, au contraire, ça me plaît. Est-ce que tu veux sortir avec moi ? Si oui, rendez-vous à cinq heures à la grille. Ne dis rien, je comprendrais... »

Les traits de Riri se durcissent.

– T'es sûr que c'est pas une blague ?

– Tête de bois, chemin de fer, si je mens, je vais... aux waters !

Riri éclate de joie et m'embrasse, c'est la première fois qu'il fait ça ! Et brusquement, tout bascule.

Il tourne les talons et se dirige vers la rangée des filles. Marie-France papote au deuxième rang. Riri se plante droit devant elle et lui lance à voix haute ce bouquet de mots à la figure :
– Marie-France, je t'aime pour la vie !
Silence, stupeur, ricanements dans les rangs des filles. La réaction ne se fait pas attendre. Une gifle magistrale retentit. La joue de Riri est écarlate.
– On ne dit pas des choses comme ça ! s'écrie l'élue de son cœur, furieuse, comme si elle avait subi le plus grave des affronts.

Elle n'a pas tout à fait tort...

Riri s'enfuit en larmes dans les escaliers et rentre chez lui en pédalant comme un fou. Le lendemain, il ne vient pas en cours. Le proviseur le punit de six heures de colle. Avec trois jours de suspension pour avoir quitté le lycée sans autorisation.

J'essaie de consoler mon ami blessé par son échec, de valoriser son courage. J'argumente pour une deuxième tentative, plus en douceur et accompagnée d'excuses, rien à faire. Son chagrin gonfle comme une rivière sous les averses. Et il s'enferme dans le mutisme.

Riri mange de moins en moins et quand je m'inquiète de le voir maigrir, il hausse les épaules sans broncher, en shootant durement dans les cailloux.

Puis il tombe sérieusement malade et s'absente un bon mois du lycée.

Au début, je lui apporte ses devoirs le mardi et le samedi. Un jour sa mère me demande de ne plus le faire. Riri a besoin d'isolement et de repos. On verra tout ça plus tard.

Je reste deux semaines sans nouvelles. Je sens bien que son état s'aggrave. Et que je dérange.

Un dimanche du mois de décembre, une semaine avant son anniversaire, Riri se lève sur la pointe des pieds.

En bas, à côté de la cheminée, Alexis, Raymonde, Véronique, Annick et Frédérique se calent dans le canapé et les fauteuils devant *Ben-Hur,* le film de l'après-midi. Les grands-parents sont de sortie.

Riri fouille dans la commode de son grand-père et glisse sa tête dans une vieille cravate de l'armée. Comme pour faire une blague.

Au lieu de se recoucher et comme un grand oiseau maigre et triste, il se perche sur un tabouret devant l'immense armoire en chêne foncé.

En tremblant à cause de l'effort, il attache l'autre bout de la cravate à la vieille clé d'en haut.

Je ne sais comment il fait ensuite pour pousser le tabouret sans bruit, ni comment la cravate résiste, ni pourquoi la vieille clé ne cède pas.

À la fin du film, Raymonde monte avec une infusion de verveine pour Riri. Un carré de chocolat et une tranche de pain perdu.

Quand elle pousse la porte de la chambre, elle est surprise de voir le lit ouvert. Elle appelle une première fois, rien, pas de réponse. Une seconde fois, rien.

En revenant sur ses pas, elle retrouve son fils accroché à l'armoire dans la chambre du grand-père, le visage gris comme un ciel d'hiver et les larmes coulent. Elle pleure debout, sans crier, sans bruit, comme si elle avait peur de le réveiller.

Puis elle embrasse son enfant tendrement, le porte dans ses bras et le recouche dans son lit avec une infinie douceur.

La vérité, je ne l'ai pas sue tout de suite. Raymonde me l'a raconté vingt ans plus tard, à la Toussaint, devant la tombe de son fils, sa dernière cabane de granit rose. À côté de la croix, sur la photo gravée, Riri a le sourire timide de celui qui s'excuse.

La version officielle pour la famille, les amis, tous les profs du lycée était plus convenable. Affaibli par son anorexie, Riri avait fait une mauvaise chute dans l'escalier. Fracture du crâne. C'était tout à fait crédible : j'avais le même escalier chez moi et mon frère Jean-Pierre s'y était cassé le bras.

Maman n’a pas voulu que j’aille bénir le corps.

À l’enterrement, il y avait beaucoup de fleurs, beaucoup de monde. Je ne savais pas qu’autant de personnes aimaient mon ami. Marie-France pleurait en silence au premier rang.

Je ne suis jamais retourné dans les remparts, au cabanon, au blockhaus, au Pont, dans le jardin de mon père ou de mon grand-père et tous nos endroits secrets.

J'ai pleuré sous les couvertures en murmurant pardon, pardon et en serrant le rêve de Myriam dans mes bras. Puis j'ai enterré mes souvenirs doucement dans mon cœur et dans ma mémoire.

Je n'ai jamais dit adieu à Riri. Impossible devant un cercueil ou une tombe de l'imaginer enfermé là. Quand j'ai le cafard, je me dis qu'il s'est enfui très loin dans un jardin pour lui tout seul.

Après ma confession, le curé m'a affirmé que les anges n'avaient pas de sexe. Il m'a demandé aussi de réfléchir et de ne pas oublier qu'un mensonge ne sème jamais rien de bon. Et que le mieux est l'ennemi du bien...

À genoux sur la paille des chaises, j'ai récité dix *Notre Père* et dix *Je vous salue Marie*.

Je ne suis pas sûr d'avoir tout compris mais ça m'a soulagé.

Et puis j'ai craqué, j'ai tout raconté à Marie-France. L'histoire de la lettre, comment Riri me parlait d'elle, et tout, sa timidité, sa fidélité malgré Catherine à Saint-Jean-de-Monts...

Elle m'a écouté sans broncher et s'est effondrée en larmes. Elle aussi était amoureuse. Elle regrette encore sa gifle. Mais quand Riri s'est déclaré publiquement, elle a eu honte.

Je l'ai consolée en la serrant doucement dans mes bras. On est devenus amis.

De temps en temps, je monte tout en haut d'un sapin fumer une tige de sureau et cracher sur les passants. Quand la tête me tourne, je sens la main de Riri me serrer l'épaule et me réclamer une taffe. Je lui donne des nouvelles de Marie-France et je le rassure : elle t'aime aussi, tu sais, elle me l'a dit... Puis je crache dans ma paume et je frappe dans le vide. Tête de bois, chemin de fer, si je mens, je vais en enfer.

Biographie imaginaire

Mon enfance est insensée, minable, rutilante, elle sent l'eau de Javel, la sciure, la poussière des greniers et des feux à charbon, l'essence algérienne et le ricard sec, sans eau, les bonbons à la violette et la bouse de vache à plein nez dans les rues d'Orsinval, mon enfance n'a aucun sens à part celui qui s'obstine à brouiller les cartes.

Quel mic mac tous ces visages de cendre et d'ogresse, de fromage blanc et de mou au vin rouge, ces sourcils d'après-guerre, de privation, de petite et de grande misère.

Je suis le fils de mon père et de ma mère, de pépé Pierre et de mémé Florine, de mémé Berthe et de Pépé Chimot, chaque soir, avant de m'endormir, je leur parle avec tendresse, je les remercie, et leur courage scintille doucement sous mes paupières.

Extrait : *La petite présence*, Roman. Grasset.

Dans la même collection :

Anne Castries, Une adolescence douce-amère
Yaël Hassan, Hé, petite !
Susie Morgenstern, Confession d'une grosse patate
Bernard Friot, Un autre que moi
Catherine Leblanc, Un jour, ma vie s'est arrêtée
Jean-Paul Nozière, Tu seras la risée du monde
Sarah Cohen-Scali, Douée pour le silence
Claire Mazard, On s'était dit : Pour la vie
Mikaël Ollivier, Celui qui n'aimait pas lire
Sigrid Baffert, C'est toujours mieux là-bas
Claire Mazard / Hélène Lune, Avec toi, Claire, j'aurais aimé la vie
Rachel Hausfater, Dans la rue du bonheur, perdue
Jean-Paul Nozière, Mais qu'est-ce qu'on va bien faire de toi?
Bernard Friot, Un dernier été
Christian Grenier, Ce soir-là, Dieu est mort
Claude Gutman, Un secret derrière la porte
François David, Tempête dans la tête

Vous voulez correspondre avec les auteurs de Confessions, vous pouvez alors envoyer vos mails à : confessions@lamartiniere.fr

ISBN : 2-7324-3466-3

Loi n° 49-956 du 16 juillet 1949
sur les publications destinées à la jeunesse

Dépôt légal : septembre 2006

Imprimé sur les presses de l'imprimerie France Quercy, France.

N° d'impression : 61872